S4
Lb 1320.

PÉTITION

A

L'ASSEMBLÉE NATIONALE

EN FAVEUR

DES EMPLOYÉS DE BUREAUX.

BIBLIOTHÈQUE NATIONALE

R. F.

IMPRIMÉS. ÉTAT.

« Les Citoyens doivent aimer la patrie, servir la République, la défendre même au prix de leur vie, participer aux charges de l'Etat en raison de leur fortune ; ils doivent s'assurer, par le travail, des moyens d'existence, et, par la prévoyance, des ressources pour l'avenir; ils doivent concourir au bien-être commun en s'entr'aidant fraternellement les uns les autres, et à l'ordre général en observant les lois morales et les lois écrites qui régissent la société, la famille et l'individu. »

(Préambule de la Constitution, art. 7.)

IMPRIMERIE

DE HENNUYER ET Cᵉ, RUE LEMERCIER, 24.

Batignolles.

1848

AUX CITOYENS MEMBRES DE L'ASSEMBLÉE NATIONALE.

Citoyens,

Les efforts que fait l'Assemblée nationale pour venir en aide aux travailleurs, les garanties qu'elle crée pour leur avenir, et les améliorations qu'elle apporte chaque jour au sort qui leur avait été fait, m'engagent à soumettre à vos lumières un moyen de satisfaire aux exigences les plus impérieuses du moment, et d'apporter ainsi un remède prompt et salutaire à tant de souffrances et de misères qu'il est urgent de calmer.

Ce moyen, que nous voulons d'abord n'appliquer qu'aux travaux intellectuels, consiste dans la création d'une Société philanthropique ayant pour but :

De procurer des emplois aux travailleurs bureaucrates;

De leur venir en aide, s'il en est besoin, dans tous les cas urgents ;

De fournir de bons employés aux administrations publiques, à l'industrie et au commerce ;

D'exciter l'émulation entre les sociétaires par les bienfaits d'une association toute fraternelle;

Enfin, d'amener entre le chef et l'employé une fusion de sentiments et d'intérêts utile à leur bien-être commun.

Le problème à résoudre se présente ainsi sous un double aspect :

1° Venir en aide aux employés bureaucrates !

2° Réserver à l'État les moyens de contrôle sur une corporation nombreuse, tout en aidant, tout en encourageant l'association qui doit unir tous ses membres.

Les gouvernements qui ont précédé la République craignaient de trouver dans toute association un instrument politique ; aussi n'ont-ils jamais secondé les idées généreuses des individus qui cherchaient dans l'association les moyens de centupler leurs ressources, leurs forces et d'améliorer leurs conditions d'existence.

C'est donc au gouvernement de notre jeune République qu'il appartient d'entrer franchement dans cette voie, de donner un libre cours aux idées nouvelles, et de les expérimenter pour choisir les meilleures entre toutes celles qui ont pour devise : *ordre, travail*.

Pour se convaincre, même avant tout essai, des avantages que promet cette Association, il doit suffire de constater l'impuissance du travailleur isolé, et les inconvénients sans nombre contre lesquels il use en vain sa persévérance s'il agit isolément.

L'écrivain comptable, quelles que soient la portée de son intelligence et la supériorité de son talent, ne jouit pas, à beaucoup près, des avantages réservés au plus inexpérimenté des travailleurs ; celui-ci, dans l'industrie la plus infime, trouve toujours, à l'aide de son livret, qui parle pour lui, un facile passage d'un atelier dans un autre : le bureaucrate, au contraire, doit, quels que soient ses titres à la confiance du maître, redouter le moment où, pour une cause quelconque, il se trouvera dépourvu d'emploi.

En effet, chercher une autre place quand on occupe encore celle qu'on va quitter, est chose impossible ; car les travaux sont toujours plus assujettissants, à la veille de se décharger d'un emploi et d'une certaine responsabilité.

Il faut donc attendre le moment d'être libre. Mais alors que de journées ne va-t-on pas perdre à visiter ses amis, à s'informer des vacances qui peuvent exister, à solliciter enfin de porte en porte le privilége du travail !

Puis il faut subir de tous ceux dont on implore ainsi la commisération un interrogatoire sévère. Il faut donc, faute de répondants officieux, se faire son propre apologiste, et tout cela pour être mis au rabais.

En effet, ici, les services du solliciteur seraient agréés, mais il est trop jeune.

Ailleurs, on veut un célibataire ;

Plus loin, c'est un homme marié, qui offre plus de garanties ;

Ou bien on exige la connaissance de certaines langues étrangères ;

Enfin il n'est pas un employé qui ne vienne, à son tour, se heurter contre quelque-uns des obstacles que je signale ; il n'en est pas qui ne se présente précisément dans la maison à laquelle il ne peut convenir ; tandis qu'il passe à côté de celle qui accepterait ses services, et qui, elle-même, ne peut parvenir à trouver l'employé qui lui convient.

Il ne faut pas se le dissimuler, les mêmes désagréments attendent le chef d'industrie qui se trouve subitement privé d'un employé ; lui aussi, devra avoir recours à ses amis pour trouver un travailleur intelligent, apte et probe. Ceux qui en connaissent peuvent-ils toujours les lui recommander autrement que par bienveillance ? les ont-ils assez éprouvés pour en être les répondants ? Mais, là précisément où l'employé peut demander une caution morale, parce qu'il y a fait ses preuves, il est permis de supposer, sans blesser les susceptibilités de personne, que la rivalité, la concurrence même la plus loyale, si elle ne ferme pas la bouche au chef de maison, n'obtiendra de lui parfois que de tièdes éloges qui équivalent à un blâme. Plus on tenait à un employé, qu'on perd, souvent pour des difficultés insignifiantes, moins on se croit obligé de montrer de l'empressement à servir ses intérêts : les conséquences d'une rupture qu'un simple malentendu peut amener seront ainsi fatales à l'employé.

L'Association organisée mettrait fin à toutes ces difficultés, perfectionnerait l'éducation professionnelle, fournirait à l'Etat de bons employés, faciliterait l'accès à tous les emplois réservés à quelques privilégiés, et ferait disparaître ces myriades de solliciteurs et de protecteurs qui sont un fléau pour les gouvernements, et d'irrassasiables parasites pour la société.

Nul négociant n'ignore combien il existe de ce qu'on est convenu d'appeler *hommes d'affaires*, variété nouvelle d'oiseaux de proie, toujours à l'affût des commerçants que des malheurs forcent à suspendre leurs payements ou à se déclarer en faillite. Ne sont-ce pas souvent ces conseillers dangereux qui les aident à dissimuler une partie du gage appartenant aux créanciers, et qui par leur mauvais vouloir et les embarras qu'ils suscitent dans la marche des transactions, arrivent à duper autant les créanciers que le failli ?

L'Association, chargée en pareil cas, par le tribunal de commerce, du dépouillement des écritures, aurait des moyens d'action, de contrôle, que ne peuvent avoir des individus isolés et souvent incapables. Elle ferait des rapports consciencieux sur les causes réelles qui ont déterminé la faillite; elle serait à même de prélever des honoraires bien moindres que ceux des hommes d'affaires, et de n'en pas prélever pour les faillites minimes; elle pourrait enfin, par cette concentration de travaux, créer pour l'avenir des archives de renseignements, très-utiles au commerce et au tribunal lui-même, pour les commerçants qui retombent plusieurs fois dans la même faute; en même temps qu'elle faciliterait le moyen de stigmatiser les fripons, et de rendre au commerçant réellement malheureux la considération morale si nécessaire à la reprise de ses affaires.

Ces travaux seraient exécutés par les employés sans place, et toujours au siége et sous la surveillance de l'Association.

Si toutes les prévisions humaines n'ont pu éviter les crises et les événements dont l'histoire fourmille, s'il est impossible d'empêcher les épidémies, les disettes et tous les maux dont le genre humain est frappé à des temps donnés; encore faut-il chercher avec soin à en atténuer les malheureux effets. Il faut aussi que dans des moments de crise, si les travailleurs sont forcés de recevoir des secours, ils ne les doivent qu'aux économies qu'ils ont pu faire dans des jours meilleurs. Toute autre source est humiliante, elle engendre la paresse, dégrade l'homme, et porte atteinte au bien-être du corps social tout entier.

D'où vient l'antagonisme du chef et du travailleur? si ce n'est de l'éloignement, de l'isolement dans lequel ils vivent l'un et l'autre? Cet état permanent de défiance, d'hostilités entre les différentes classes de la société, cette antipathie si déplorable entre le patron et le travailleur, à quoi doit-on l'attribuer, si ce n'est au mauvais vouloir des uns, à l'imprévoyance, à l'aveuglement des autres? Combien de fois n'arrive-t-il pas qu'un chef d'industrie est accusé par ses employés de s'enrichir par leur travail; tandis que le malheureux fait tous ses efforts pour éviter la faillite! Combien de fois aussi le travailleur ne rencontre-t-il pas un chef avide qui, sans respect pour les droits les plus légitimes, exploite sans pitié son inexpérience, sa misère et sa faim!

Sans vouloir m'immiscer dans les hautes questions soulevées à

propos des différents systèmes socialistes qui préoccupent aujour-
d'hui tous les hommes éminents, je crois que celles qui traitent
des heures de travail et des salaires ne peuvent être résolues qu'a-
vec le temps ; c'est encore l'Association philanthropique qui est
destinée à les élaborer avec le plus de succès ; c'est dans son sein
et par des discussions suivies qu'on pourra arriver à une solution
rationnelle et profitable à tous. Malgré le bon vouloir de l'Assemblée nationale pour les ouvriers, les précautions qu'elle pourra
prendre à cet effet n'auront pas leur entier résultat tant qu'elles
s'adresseront à des intérêts isolés ; l'interprétation, même des me-
sures les plus sages, sera toujours faussée par les esprits vicieux, si
préalablement on ne les a convaincus par des preuves irrécusables
du succès acquis au principe de l'Association.

Il est donc utile, il est donc urgent, plus que jamais, de mettre
en présence ces intérêts opposés, afin que le chef probe et humain ramène ses confrères à de meilleurs sentiments, et que le
travailleur, qui croit avoir des griefs contre celui qui l'emploie,
puisse être édifié sur le plus ou le moins de réalité de ces griefs.

Des Associations organisées par catégories d'industries feront
disparaître ces inconvénients ; elles amèneront un bien-être maté-
riel et moral, tant en faveur des chefs de maisons, qu'en faveur
des travailleurs. Dès que les travailleurs auront acquis la certitude
d'être occupés, dès qu'ils seront convaincus que celui qui les emploie est bon et équitable, l'inimitié fera place aux sympathies, et
le véritable principe de la fraternité recevra sa plus éclatante con-
sécration.

C'est à ce but qu'il faut tendre.

C'est la question qu'il faut résoudre.

Un pouvoir despotique et égoïste redoute les clartés qui jaillis-
sent des contacts que provoque l'association ; un gouvernement
indépendant, libéral, vraiment républicain, doit s'en faire un instrument de force. Car enfin, par qui sont faites les émeutes, les
bouleversements qui agitent la société, si ce n'est par quelques
intrigants ; par ces esprits remuants qui, s'adressant à des hommes
malheureux, à des hommes faibles, sans instruction, sans religion,
sans morale, à des hommes dont l'imagination s'exalte au récit des
sottes utopies, les conduisent, à un jour donné, à leur faire

BIBLIOTHÈQUE ROYALE R.F.

faire ce dont ils ne se doutent même pas? Tel est le sort qui a été fait au travailleur, et ce sort ne changera pas assurément tant que notre organisation sociale sera ce qu'elle est. Il faut donc extirper les prétextes laissés aux intrigants, aux ambitieux, et donner au travailleur la certitude qu'en se conduisant en homme d'honneur, la société sera toujours là pour lui venir en aide.

L'homme qui vit de son travail est naturellement bon ; il saura tenir compte des efforts qui seront faits en sa faveur, dès qu'il saura pouvoir compter sur l'appui moral du gouvernement; au lieu de l'attaquer, il le défendra ! C'est donc au gouvernement à prendre l'initiative de l'association ; il puisera dans son sein des renseignements qui lui seront toujours utiles. En se réservant le droit de contrôle, il sera à même de connaître, d'une manière certaine, la quantité exacte de travailleurs d'une même profession, habitant la même ville, leurs besoins, leur conduite; s'ils sont oisifs ou s'ils travaillent. Enfin, il exercera toutes les investigations qui, sans être vexatoires, sont indispensables à une administration paternelle, à une administration vraiment républicaine! Alors il lui sera facile d'éviter dans Paris cette agglomération de gens sans aveu, sans ressources, sans courage, qui, sous un faux semblant de patriotisme, demandent à l'émeute le pillage, le vol et l'assassinat.

CONCLUSION.

L'Association proposée n'a besoin, pour triompher, que *de l'assistance morale du gouvernement de la République*. Elle ne coûtera rien à l'Etat, presque rien aux sociétaires. Les membres qui la composeront doivent la mettre à même, par leur position sociale, par leurs lumières, de servir de type à toutes les Associations à venir, et de règle à toutes celles qui existent déjà.

Il faut que l'association bien cimentée entre les chefs et les travailleurs, outre les bienfaits matériels qu'elle produira, développe, chez chacun de ses membres, un sentiment de solidarité tel, que, dans un temps donné, tous les chefs de la même industrie en fassent partie, et que nul travailleur ne puisse être occupé sans faire partie de l'association. Ce résultat obtenu, et *ce ne sera pas long, si le gouvernement veut intervenir*, il ne sera plus possible au paresseux, au mauvais sujet de trouver du travail dans une ville où pareille organisation existera. Il faudra donc que l'homme vicieux s'amende, ou qu'il donne à la justice l'occasion de se débarrasser de lui.

Le gouvernement a donc tout intérêt à provoquer, à aider la création de l'association. Bien comprise par tous, cette institution lui rendra sa tâche facile ; sans arbitraire, par sa seule force d'impulsion, elle lui facilitera les moyens de repousser des grands centres de population des milliers de bras que réclame aujourd'hui l'agriculture en souffrance, et qui, livrés à l'oisiveté dans nos grandes villes, se louent ou se vendent à quiconque donne le signal du désordre et de l'anarchie.

Travailleur depuis vingt-cinq ans, je suis convaincu, par l'expérience, de l'impossibilité de jamais faire triompher un pareil projet sans un puissant appui moral.

C'est donc cet appui que je viens solliciter de l'Assemblée nationale, pour tous les employés de bureaux; trop heureux mille fois, si ces quelques idées peuvent amener la solution que je me suis proposée, et assurer à cette institution nouvelle la protection du gouvernement de la République.

FERDINAND JAMMES,
71, rue Montorgueil.

Paris, le 30 septembre 1848.

BASES PRINCIPALES DES STATUTS.

—

BUT DE L'ASSOCIATION.

Il est fondé à Paris, entre les employés du département de la Seine, une Association philanthropique ayant pour but :

1° D'établir entre eux un lien de confraternité, et de réunir leurs efforts pour se secourir mutuellement ;

2° De venir en aide aux membres de l'Association aussi souvent que possible, en leur facilitant les moyens de se produire dans leur spécialité ;

3° De perfectionner leur éducation professionnelle ;

4° De fournir des secours à ceux de ses membres malades ou sans emploi ;

5° D'assurer des pensions de retraite à ceux de ses membres qui auront fait partie de l'Association pendant un temps déterminé ;

6° D'assurer en outre des pensions, à titre de secours, aux sociétaires que l'âge ou les infirmités rendent impropres à continuer leurs travaux, ainsi qu'aux veuves et orphelins des sociétaires décédés ;

7° D'établir entre le chef et le travailleur une fusion d'intérêts et de sentiments utiles à leur bien-être commun ;

8° D'amener à bonne fin, insensiblement, sans secousse et dans ce qu'elle a de possible, l'organisation du travail.

CONSTITUTION.

ARTICLE 1er. — La Société prend le titre d'*Association nationale des employés du département de la Seine.*

ART. 2. — Elle se compose des citoyens employés aux écritures ou à la comptabilité dans les administrations publiques, l'industrie, le commerce et tous établissements privés.

ART. 3. — Pourront être admis comme sociétaires les chefs d'administration, de maisons de banque, de commerce, et, en général, toutes les personnes qui, par leur position sociale, leurs lumières, pourraient contribuer à accroître la prospérité de l'Association, et multiplier les services qu'elle est appelée à rendre.

ART. 4. — Le nombre des membres est illimité.

ADMISSIONS.

ART. 5. — Pour être admis comme sociétaire, il faut,

1° Etre Français ;

2° Etre majeur et n'avoir pas plus de soixante ans ;

3° N'avoir jamais perdu ses droits civils, et justifier d'une moralité parfaitement établie.

ART. 6. — Pourront être admis comme candidats les employés non majeurs; à leur majorité, ils prendront le titre de sociétaires.

ART. 7. — Pourront aussi être admis comme sociétaires les étrangers qui, depuis un an, occupent un emploi dans le département de la Seine.

ART. 8. — Les demandes d'admission seront adressées au conseil de surveillance.

COTISATIONS.

ART. 9. — Chacun des sociétaires et candidats payera une cotisation trimestrielle et d'avance de 6 francs.

ART. 10. Chaque sociétaire à qui il sera procuré un emploi, payera une prime à la caisse de l'Association.

ART. 11. — Les sociétaires pourront en outre effectuer des versements volontaires. Ces fonds seront administrés suivant les prescriptions tontinières.

ART. 12. —Tout sociétaire ou candidat, quittant le département de la Seine, pourra continuer à faire partie de l'Association.

DÉMISSIONS ET EXCLUSIONS.

ART. 13. — Tout sociétaire, voulant quitter l'Association, devra en faire la déclaration au Conseil.

ART. 14. — Tout sociétaire en retard de six mois pour le payement de sa cotisation, sera réputé démissionnaire, sauf l'avis du Conseil.

ART. 15. — Tout sociétaire qui se sera rendu coupable, soit comme employé, soit comme homme privé, d'actes d'improbité ou d'indélicatesse, sera exclu de l'Association.

Art. 16. — Les sociétaires démissionnaires ou exclus pour défaut de payement, ne pourront être réadmis qu'après s'être libérés de ce qu'ils pouvaient devoir antérieurement à l'Association.

SECOURS.

Art. 17. — L'Association a pour but principal de faciliter aux sociétaires le moyen de se produire dans leur spécialité.

Art. 18. —Le sociétaire malade a droit à des secours, consistant en visites de médecins et en médicaments.

Art. 19. — Les sociétaires malades ou sans emploi ont droit à des secours en argent. Ces secours doivent être accordés par le Conseil.

DÉCÈS ET FUNÉRAILLES.

Art. 20. — S'il en est fait la demande, l'Association se charge des frais de funérailles des sociétaires décédés.

Art. 21. — Les sociétaires convoqués aux obsèques d'un de leurs confrères sont tenus d'y assister.

Art. 22. — Toutes sommes payées par les décédés, pour cotisation, prime ou dons volontaires, sont acquises à l'Association.

PENSIONS.

Art. 23. — Le fonds destiné au service des pensions se formera du solde de toutes les recettes de l'Association, prélèvement fait des secours et des frais généraux de chaque année.

Art. 24. — Les sociétaires auront droit à une pension à partir de l'âge de soixante ans, et après avoir fait partie de l'Association pendant quinze ans au moins.

Art. 25. — Les sociétaires qui, ne réunissant pas les conditions exigées par l'article qui précède, se trouveraient, par suite d'infirmités, dans l'impossibilité d'exercer leur profession, pourront obtenir une pension à titre de secours.

Art. 26. — Les veuves et orphelins des sociétaires auront droit à une pension à titre de secours.

ADMINISTRATION GÉNÉRALE.

—

CONSEIL DE SURVEILLANCE.

ART. 27. — L'Association sera administrée par un Conseil de surveillance composé de trente membres, dont dix membres chefs d'industries, vingt membres employés. Leurs fonctions seront gratuites.

ART. 28. — Ce Conseil sera nommé en Assemblée générale, à la majorité relative. La durée de leurs fonctions sera de trois années.

ART. 29. — Chaque semestre, cinq membres sortiront du Conseil ; ils seront désignés par le sort.

Les membres sortants seront rééligibles.

ART. 30. — Au Conseil de surveillance seul appartient le droit d'administrer les affaires actives et passives de l'Association.

ART. 31. — Le Conseil se réunira tous les quinze jours. Pour délibérer valablement, dix délégués au moins devront être présents.

ART. 32. — Lorsque le Conseil sera convoqué pour prononcer l'exclusion d'un sociétaire, aucun membre du Conseil ne pourra se dispenser d'y assister.

FONDS.

Les fonds seront convertis suivant la prescription du Conseil de surveillance, mais toujours en titres garantis par l'Etat.

COMITÉS.

ART. 33. — Le but principal de l'Association étant de réunir en une seule famille tous les employés du département de la Seine, et, néanmoins, désirant laisser chacun des sociétaires dans la spécialité dont il s'est occupé jusqu'à ce jour, il sera créé cinq Comités ainsi qu'il suit :

1º Pour les administrations publiques ;

2º Pour les chemins de fer ;

3º Pour les compagnies d'assurance ;

4º Pour la banque, le commerce et l'industrie ;

5° Pour les officiers ministériels.

Art. 34. Les fonctions de ces Comités consisteront à constater l'aptitude des postulants, leur admission dans la Société, la désignation des sociétaires aptes à obtenir les emplois vacants.

Art. 35. Les membres, pour former le bureau de chaque Comité, seront au nombre de neuf, élus à la majorité des sociétaires présents dans chaque spécialité.

Art. 36. Les fonctions de membre du Conseil et du Comité sont incompatibles.

Art. 37. — Les membres de chaque Comité fonctionneront pendant six mois ; ils seront renouvelés à chaque Assemblée générale.

DIRECTION.

Art. 38. — La direction de l'Association sera confiée à l'un de ses membres, sous la surveillance du Conseil.

Art. 39. — Le Directeur sera nommé pour cinq ans, en Assemblée générale, à la majorité des voix des membres présents ; ses fonctions seront rétribuées.

Art. 40. — Le Directeur assistera aux délibérations du Conseil et des Comités; il y aura voix consultative et non délibérative.

Art. 41. — La comptabilité, la caisse et toutes les écritures de l'Association seront tenues, sous la responsabilité du Directeur, et de la manière prescrite par le Conseil de surveillance ; il sera chargé de faire ou faire faire toutes les démarches nécessaires au bien-être de l'Association.

Art. 42. — Dans le cas de malversation de la part du Directeur, le Conseil pourra le suspendre jusqu'à la première Assemblée générale.

Art. 43. — Le Directeur ne pourra faire ni payer aucune dépense, sans y avoir été autorisé par le Conseil.

ASSEMBLÉES GÉNÉRALES.

Art. 44. — Les membres de l'Association se réuniront en Assemblée générale deux fois par année, le dernier dimanche de janvier, le dernier dimanche de juillet.

Art. 45. A chaque Assemblée générale le Conseil soumettra les comptes à l'approbation des sociétaires.

LIQUIDATION.

Art. 46. — La liquidation de la Société ne pourra avoir lieu que du consentement de la majorité absolue des membres de l'Association. Les fonds dont l'Association serait propriétaire, après avoir assuré les pensions aux ayants droit, ne pourront être répartis entre les sociétaires; ils devront être appliqués à telles œuvres de bienfaisance que l'Assemblée générale désignera.

DÉCRET.

—

RÉPUBLIQUE FRANÇAISE.

LIBERTÉ, ÉGALITÉ, FRATERNITÉ.

—

L'Assemblée nationale, vu les statuts déposés[1],

DÉCRÈTE :

ART. 1er. — La Société philanthropique, fondée sous le titre d'*Association nationale des Employés du département de la Seine*, est placée sous le patronage du gouvernement de la République française.

ART. 2. — Nul ne pourra être employé aux écritures dans les administrations publiques du *département de la Seine*, s'il ne fait partie de l'Association désignée à l'art. 1er.

Imprimerie de HENNUYER et Cⁱᵉ, rue Lemercier, 24. Batignolles.

www.ingramcontent.com/pod-product-compliance
Ingram Content Group UK Ltd.
Pitfield, Milton Keynes, MK11 3LW, UK
UKHW020013130726
13694UKWH00005B/2263